Sültz Bücher

Digitaler Nachlass - Digitales Erbe - Einlogbuch/Passwortlisten

Sültz Bücher

BoD- Books on Demand

Norderstedt 2018, GERMANY

Bibliografische Information durch die Deutsche Nationalbibliothek

Die Deutsche Nationalbibliothek verzeichnet diese Publikation in der Deutschen Nationalbibliografie; detaillierte bibliografische Daten sind im Internet über http://dnb.dnb.de abrufbar.

Sueltz Books

Herstellung und Verlag:

BoD – Books on Demand, Norderstedt, GERMANY

ISBN 9-78374-8-12051-3

Die folgenden Tipps sollen helfen, alles Wesentliche zu bedenken, damit Ihr Digitaler Nachlass gut geregelt ist:

- **Kümmern Sie sich schon zu Lebzeiten um Ihren digitalen Nachlass!**
- **Fertigen Sie eine Übersicht aller Accounts mit Benutzernamen und Kennworten an! Füllen Sie dieses Einlogbuch aus!**
- **Legen Sie dieses Buch und/oder die Erinnerungsseiten (am Ende dieses Buchs herauszuschneiden) an einen sicheren Ort, beispielsweise in einem Tresor oder einem Bankschließfach!**
- **Bestimmen Sie eine Person Ihres Vertrauens zu Ihrem digitalen Nachlassverwalter! Legen Sie in einer Vollmacht für diese Person fest, dass sie sich um Ihr digitales Erbe kümmern soll!**
- **Regeln Sie in der Vollmacht detailliert, wie mit Ihrem digitalen Nachlass umgegangen werden soll. Welche Daten sollen gelöscht werden. Wie soll die Vertrauensperson mit Ihrem Account, z.B. in einem sozialen Netzwerk, usw., umgehen und was mit im Netz vorhandenen Fotos passieren soll!**
- **Bestimmen Sie ebenfalls, was mit Ihren Endgeräten (Computer, Smartphone, Tablet, Festplatten, usw.) und den dort gespeicherten Daten geschehen soll!**
- **Die Vollmacht müssen Sie handschriftlich verfassen, mit einem Datum versehen und unterschreiben. Unabdingbar ist außerdem, dass sie "über den Tod hinaus" gilt. Am Ende dieses Buchs sind Vordrucke zu finden.**
- **Denken Sie daran, die Auflistung Ihrer Accounts immer aktuell zu halten! Ergänzen Sie die Auflistung um neue Accounts, löschen Sie die Daten in der Übersicht, wenn Sie sich bei einem Account abgemeldet haben!**

SEITEN AM BUCHENDE BEACHTEN UND AUSSCHNEIDEN!

Einlogdaten:

Webseite: www.________________________________

Kundennummer: ________________________________

Account: ________________________________

e-Mail: ________________________________

Benutzername: ________________________________

Passwort: ________________________________

Passwort geändert: ________________________________

Sicherheitsabfragen: ________________________________

Informationen/Bemerkungen:

Einlogdaten:

Webseite: www.____

Kundennummer: ____

Account: ____

e-Mail: ____

Benutzername: ____

Passwort: ____

Passwort geändert: ______________________________________

Sicherheitsabfragen: ____________________________________

Informationen/Bemerkungen:

Einlogdaten:

Webseite: www.____
Kundennummer: ____

Account: ____
e-Mail: ____
Benutzername: ____
Passwort: ____
Passwort geändert: ____

Sicherheitsabfragen: ____

Informationen/Bemerkungen:

Einlogdaten:

Webseite: www.____________________________________

Kundennummer: ____________________________________

Account: ____________________________________

e-Mail: ____________________________________

Benutzername: ____________________________________

Passwort: ____________________________________

Passwort geändert: ____________________________________

Sicherheitsabfragen: ____________________________________

Informationen/Bemerkungen:

Einlogdaten:

Webseite: www.____________________________

Kundennummer: ____________________________

Account: ____________________________

e-Mail: ____________________________

Benutzername: ____________________________

Passwort: ____________________________

Passwort geändert: ____________________________

Sicherheitsabfragen: ____________________________

Informationen/Bemerkungen:

Einlogdaten:

Webseite: www.__________________________________
Kundennummer: _________________________________

Account: ____
e-Mail: ____
Benutzername: __________________________________
Passwort: _______________________________________
Passwort geändert: _____________________________

Sicherheitsabfragen: ___________________________

Informationen/Bemerkungen:

Einlogdaten:

Webseite: www.____________________

Kundennummer: ____________________

Account: ____________________

e-Mail: ____________________

Benutzername: ____________________

Passwort: ____________________

Passwort geändert: ____________________

Sicherheitsabfragen: ____________________

Informationen/Bemerkungen:

Einlogdaten:

Webseite: www.______________________________

Kundennummer: ______________________________

Account: ______________________________

e-Mail: ______________________________

Benutzername: ______________________________

Passwort: ______________________________

Passwort geändert: ______________________________

Sicherheitsabfragen: ______________________________

Informationen/Bemerkungen:

Einlogdaten:

Webseite: www.____

Kundennummer: ____

Account: ____

e-Mail: ____

Benutzername: ____

Passwort: ____

Passwort geändert: ____

Sicherheitsabfragen: ____

Informationen/Bemerkungen:

Einlogdaten:

Webseite: www.____

Kundennummer: ____

Account: ____

e-Mail: ____

Benutzername: ____

Passwort: ____

Passwort geändert: ____

Sicherheitsabfragen: ____

Informationen/Bemerkungen:

Einlogdaten:

Webseite: www.____________________________

Kundennummer: ____________________________

Account: ____________________________

e-Mail: ____________________________

Benutzername: ____________________________

Passwort: ____________________________

Passwort geändert: ____________________________

Sicherheitsabfragen: ____________________________

Informationen/Bemerkungen:

Einlogdaten:

Webseite: www.______________________________
Kundennummer: ______________________________

Account: ______________________________
e-Mail: ______________________________
Benutzername: ______________________________
Passwort: ______________________________
Passwort geändert: ______________________________

Sicherheitsabfragen: ______________________________

Informationen/Bemerkungen:

Einlogdaten:

Webseite: www.________________________________
Kundennummer: ______________________________

Account: __________________________________
e-Mail: ___________________________________
Benutzername: ______________________________
Passwort: __________________________________
Passwort geändert: __________________________

Sicherheitsabfragen: ________________________

Informationen/Bemerkungen:

Einlogdaten:

Webseite: www.______________________________________

Kundennummer: ______________________________________

Account: ____

e-Mail: ____

Benutzername: ______________________________________

Passwort: ____

Passwort geändert: __________________________________

Sicherheitsabfragen: ________________________________

Informationen/Bemerkungen:

Einlogdaten:

Webseite: www.______________________________

Kundennummer: ______________________________

Account: ______________________________

e-Mail: ______________________________

Benutzername: ______________________________

Passwort: ______________________________

Passwort geändert: ______________________________

Sicherheitsabfragen: ______________________________

Informationen/Bemerkungen:

Einlogdaten:

Webseite: www.____

Kundennummer: ______________________________________

Account: ____

e-Mail: ____

Benutzername: ______________________________________

Passwort: ____

Passwort geändert: ___________________________________

Sicherheitsabfragen: _________________________________

Informationen/Bemerkungen:

Einlogdaten:

Webseite: www.________________________________

Kundennummer: ______________________________

Account: __________________________________

e-Mail: ___________________________________

Benutzername: ______________________________

Passwort: __________________________________

Passwort geändert: ___________________________

Sicherheitsabfragen: __________________________

Informationen/Bemerkungen:

Einlogdaten:

Webseite: www.______________________________

Kundennummer: ______________________________

Account: ______________________________

e-Mail: ______________________________

Benutzername: ______________________________

Passwort: ______________________________

Passwort geändert: ______________________________

Sicherheitsabfragen: ______________________________

Informationen/Bemerkungen:

Einlogdaten:

Webseite: www.____

Kundennummer: ______________________________________

Account: ____

e-Mail: ____

Benutzername: ______________________________________

Passwort: ____

Passwort geändert: ___________________________________

Sicherheitsabfragen: _________________________________

Informationen/Bemerkungen:

Einlogdaten:

Webseite: www.______________________________

Kundennummer: ______________________________

Account: ______________________________

e-Mail: ______________________________

Benutzername: ______________________________

Passwort: ______________________________

Passwort geändert: ______________________________

____

Sicherheitsabfragen: ______________________________

____

____

____

Informationen/Bemerkungen:

____

____

____

____

____

____

____

____

____

____

____

____

____

Einlogdaten:

Webseite: www.________________________________

Kundennummer: ________________________________

Account: ________________________________

e-Mail: ________________________________

Benutzername: ________________________________

Passwort: ________________________________

Passwort geändert: ________________________________

Sicherheitsabfragen: ________________________________

Informationen/Bemerkungen:

Einlogdaten:

Webseite: www.

Kundennummer:

Account:

e-Mail:

Benutzername:

Passwort:

Passwort geändert:

Sicherheitsabfragen:

Informationen/Bemerkungen:

Einlogdaten:

Webseite: www.____

Kundennummer: ______________________________________

Account: ____

e-Mail: ____

Benutzername: ______________________________________

Passwort: ____

Passwort geändert: __________________________________

Sicherheitsabfragen: _________________________________

Informationen/Bemerkungen:

Einlogdaten:

Webseite: www.____

Kundennummer: _______________________________________

Account: ____

e-Mail: ____

Benutzername: ____

Passwort: ____

Passwort geändert: ____________________________________

Sicherheitsabfragen: __________________________________

Informationen/Bemerkungen:

Einlogdaten:

Webseite: www.________________________________

Kundennummer: ______________________________

Account: ____________________________________

e-Mail: ______________________________________

Benutzername: _______________________________

Passwort: _____________________________________

Passwort geändert: ____________________________

Sicherheitsabfragen: ___________________________

Informationen/Bemerkungen:

Einlogdaten:

Webseite: www.____________________________________

Kundennummer: _________________________________

Account: ______________________________________

e-Mail: _______________________________________

Benutzername: _________________________________

Passwort: _____________________________________

Passwort geändert: ______________________________

Sicherheitsabfragen: ____________________________

Informationen/Bemerkungen:

Einlogdaten:

Webseite: www.____________________

Kundennummer: ____________________

Account: ____________________

e-Mail: ____________________

Benutzername: ____________________

Passwort: ____________________

Passwort geändert: ____________________

Sicherheitsabfragen: ____________________

Informationen/Bemerkungen:

Einlogdaten:

Webseite: www.________________________________

Kundennummer: ________________________________

Account: ________________________________

e-Mail: ________________________________

Benutzername: ________________________________

Passwort: ________________________________

Passwort geändert: ________________________________

Sicherheitsabfragen: ________________________________

Informationen/Bemerkungen:

Einlogdaten:

Webseite: www.____

Kundennummer: ____

Account: ____

e-Mail: ____

Benutzername: ____

Passwort: ____

Passwort geändert: ____

Sicherheitsabfragen: ____

Informationen/Bemerkungen:

Einlogdaten:

Webseite: www.____

Kundennummer: ____

Account: ____

e-Mail: ____

Benutzername: ____

Passwort: ____

Passwort geändert: ____

Sicherheitsabfragen: ____

Informationen/Bemerkungen:

Einlogdaten:

Webseite: www.______________________________

Kundennummer: ______________________________

Account: ______________________________

e-Mail: ______________________________

Benutzername: ______________________________

Passwort: ______________________________

Passwort geändert: ______________________________

Sicherheitsabfragen: ______________________________

Informationen/Bemerkungen:

Einlogdaten:

Webseite: www.______________________________

Kundennummer: ______________________________

Account: ______________________________

e-Mail: ______________________________

Benutzername: ______________________________

Passwort: ______________________________

Passwort geändert: ______________________________

Sicherheitsabfragen: ______________________________

Informationen/Bemerkungen:

Einlogdaten:

Webseite: www.____

Kundennummer: ____

Account: ____

e-Mail: ____

Benutzername: ____

Passwort: ____

Passwort geändert: ____

Sicherheitsabfragen: ____

Informationen/Bemerkungen:

Einlogdaten:

Webseite: www.

Kundennummer:

Account:

e-Mail:

Benutzername:

Passwort:

Passwort geändert:

Sicherheitsabfragen:

Informationen/Bemerkungen:

Erinnerungsinformation!
Das Passwort/Einlogbuch befindet sich an folgender Stelle ______________________

____

____

____

____

____

____

____

____

oder/und bem Anwalt oder/und beim Partner oder/und bei den Eltern oder einer anderen vertrauenswürdigen Person zur Aufbewahrung abgelegt werden. Ebenso ist dort eine Vollmacht für mein Digitales Erbe.

Einlogdaten aufzuschreiben ist immer gefährlich! Heute besitzen wir unzählige Accounts. Solange wir alle relevanten Daten im Kopf haben, ist alles gut. Für den Notfall oder doch den täglichen Gebrauch ist dieses Passwortbuch gedacht. Aber wir sollten es an einem sicheren Ort aufbewahren. Wir sollten auch unbedingt an den Digitalen Nachlass denken! Denken wir auch an: PASSWORT VERGESSEN - FEUER - EINBRUCH - KRANKEIT - KRANKENHAUS - ERBE...

Auf der Rückseite bitte weitere Informationen zum Versteck oder Ablageort eintragen und/oder einzeichnen!

Erinnerungsinformation!
Das Passwort/Einlogbuch befindet sich
an folgender Stelle ________________________________

oder/und bem Anwalt oder/und beim Partner
oder/und bei den Eltern oder
einer anderen vertrauenswürdigen Person zur
Aufbewahrung abgelegt werden. Ebenso ist dort
eine Vollmacht für mein Digitales Erbe.

Einlogdaten aufzuschreiben ist immer gefährlich! Heute besitzen wir unzählige Accounts. Solange wir alle relevanten Daten im Kopf haben, ist alles gut. Für den Notfall oder doch den täglichen Gebrauch ist dieses Passwortbuch gedacht. Aber wir sollten es an einem sicheren Ort aufbewahren. Wir sollten auch unbedingt an den Digitalen Nachlass denken! Denken wir auch an:
PASSWORT VERGESSEN - FEUER - EINBRUCH - KRANKEIT - KRANKENHAUS - ERBE...

Auf der Rückseite bitte weitere Informationen zum Versteck oder Ablageort eintragen und/oder einzeichnen!

Erinnerungsinformation!
Das Passwort/Einlogbuch befindet sich an folgender Stelle ______________________

____

____

____

____

____

____

____

____

oder/und bem Anwalt oder/und beim Partner oder/und bei den Eltern oder einer anderen vertrauenswürdigen Person zur Aufbewahrung abgelegt werden. Ebenso ist dort eine Vollmacht für mein Digitales Erbe.

Einlogdaten aufzuschreiben ist immer gefährlich! Heute besitzen wir unzählige Accounts. Solange wir alle relevanten Daten im Kopf haben, ist alles gut. Für den Notfall oder doch den täglichen Gebrauch ist dieses Passwortbuch gedacht. Aber wir sollten es an einem sicheren Ort aufbewahren. Wir sollten auch unbedingt an den Digitalen Nachlass denken! Denken wir auch an: PASSWORT VERGESSEN - FEUER - EINBRUCH - KRANKEIT - KRANKENHAUS - ERBE...

Auf der Rückseite bitte weitere Informationen zum Versteck oder Ablageort eintragen und/oder einzeichnen!

Erinnerungsinformation!
Das Passwort/Einlogbuch befindet sich
an folgender Stelle

oder/und bem Anwalt oder/und beim Partner
oder/und bei den Eltern oder
einer anderen vertrauenswürdigen Person zur
Aufbewahrung abgelegt werden. Ebenso ist dort
eine Vollmacht für mein Digitales Erbe.

Einlogdaten aufzuschreiben ist immer gefährlich! Heute besitzen wir unzählige Accounts. Solange wir alle relevanten Daten im Kopf haben, ist alles gut. Für den Notfall oder doch den täglichen Gebrauch ist dieses Passwortbuch gedacht. Aber wir sollten es an einem sicheren Ort aufbewahren. Wir sollten auch unbedingt an den Digitalen Nachlass denken! Denken wir auch an:
PASSWORT VERGESSEN - FEUER - EINBRUCH - KRANKEIT - KRANKENHAUS - ERBE...

Auf der Rückseite bitte weitere Informationen
zum Versteck oder Ablageort eintragen
und/oder einzeichnen!

Erinnerungsinformation!
Das Passwort/Einlogbuch befindet sich an folgender Stelle

oder/und bem Anwalt oder/und beim Partner oder/und bei den Eltern oder einer anderen vertrauenswürdigen Person zur Aufbewahrung abgelegt werden. Ebenso ist dort eine Vollmacht für mein Digitales Erbe.

Einlogdaten aufzuschreiben ist immer gefährlich! Heute besitzen wir unzählige Accounts. Solange wir alle relevanten Daten im Kopf haben, ist alles gut. Für den Notfall oder doch den täglichen Gebrauch ist dieses Passwortbuch gedacht. Aber wir sollten es an einem sicheren Ort aufbewahren. Wir sollten auch unbedingt an den Digitalen Nachlass denken! Denken wir auch an: PASSWORT VERGESSEN - FEUER - EINBRUCH - KRANKEIT - KRANKENHAUS - ERBE...

Auf der Rückseite bitte weitere Informationen zum Versteck oder Ablageort eintragen und/oder einzeichnen!

Digitaler Nachlass nach dem Tod und darüber hinaus für

Mein Name/Anschrift

____

____

**Ich bevollmächtige __________________________
damit, alle Daten und Accounts zu löschen oder
in seinen/ihren Besitz zu übernehmen.
Es sollen alle Endgeräte übernommen oder
entsorgt werden. Diese Vollmacht ist über den
Tod hinaus gültig. Das Passwort/Einlogbuch
befindet sich an folgender Stelle ________________**

bitte wählen und streichen

! Der obige Text muss nun handschriftlich geschrieben werden!

____

____

____

____

____

____

____

____

____

____

____

____

! Ort/Datum/Unterschrift

____

Digitaler Nachlass nach dem Tod und darüber hinaus für

Mein Name/Anschrift

____

____

Ich bevollmächtige ______________________
damit, alle Daten und Accounts zu löschen oder in seinen/ihren Besitz zu übernehmen. Es sollen alle Endgeräte übernommen oder entsorgt werden. Diese Vollmacht ist über den Tod hinaus gültig. Das Passwort/Einlogbuch befindet sich an folgender Stelle ______________

bitte wählen und streichen

! Der obige Text muss nun handschriftlich geschrieben werden!

____

____

____

____

____

____

____

____

____

____

____

____

! Ort/Datum/Unterschrift

____